Louis Dasté

LES SOCIÉTÉS SECRÈTES
&
LES JUIFS

IMPRIMATUR
(Qu'il soit imprimé)

Une information publiée dans « Yom Shishi », journal israélien des juifs religieux, par M. Ishai Weiner, sur une édition du Talmud, datant de 1150 et découverte récemment :

« Le Talmud en question, dit « de Vilnius », du nom de la ville lituanienne bien connue, a été trouvé entier et en bon état dans un édifice qui servit de synagogue durant 2000 ans.

La particularité de ce Talmud est de comporter un traité consacré aux procès pénaux menés par le Sanhédrin. À la page 37, côté B, on fait mention de la condamnation de Jésus par le conseil suprême juif, et on explique que ce fut le Sanhédrin qui requit contre lui la peine de mort et la crucifixion. Cette affirmation contredit l'interprétation officielle juive, selon laquelle le procès, la condamnation et le crucifiement de Jésus auraient été l'œuvre des Romains uniquement.

« Selon l'auteur de l'article, le Talmud de Vilnius se trouve aujourd'hui dans un endroit secret de Bnei Braq, le quartier religieux au nord-est de Tel-Aviv.

Actuellement, écrit Weiner, ce Talmud, après être resté caché sur le territoire de l'ex-Union soviétique durant 840 ans, est en passe de devenir « un des secrets les plus soigneusement gardés » ; en Israël. On craint en effet, parmi les juifs, que si Pilate ne porte plus la responsabilité de la mort de Jésus, les Juifs ne soient à nouveau accusés de déicide ».

Bulletin Notre-Dame des Temps nouveaux
La Ferrière-aux-Étangs (61450)

Louis Dasté

LES SOCIÉTÉS SECRÈTES
&
LES JUIFS

> « On rencontre à presque tous les grands changements de la pensée une action juive, soit éclatante et visible, soit sourde et latente. Ainsi l'histoire juive longe l'histoire universelle sur toute son étendue et la pénètre par mille trames. »
>
> (*Univers Israélite*, 26 juillet 1907, p. 585)

PARIS
LA RENAISSANCE FRANÇAISE
3, Rue de Solférino, 3
1912

Illustration couverture
Le Vieux de la Montagne drogue les Assassins, ses disciples
Marco Polo (1254-1324), *Le Devisement du monde ou Livre des Merveilles*. Récit de 1299, copié à Paris vers 1410-1412.
Enluminure par le Maître de la Mazarine et collaborateurs. Manuscrit sur parchemin, 299 feuillets, 42 x 29,8 cm
BnF, département des Manuscrits, Français 2810, fol. 17.
© Bibliothèque nationale de France

"*Non Fui, Fui, Non Sum, Non Curo*" :
« *Je n'existais pas, j'ai existé, je n'existe plus, cela m'est indifférent.* »
Un serviteur inutile, parmi les autres

19 SEPTEMBRE 2016

Scan, Corrections
EPIPHANIUS

ORC, Mise en page
LENCULUS

Pour la **L**ibrairie **E**xcommuniée **N**umérique des **CU**rieux de **L**ire les **US**uels
Toutes les recensions numériques de Lenculus sont gratuites

LES SOCIÉTÉS SECRÈTES
&
LES JUIFS

> « On rencontre à presque tous les grands changements de la pensée une action juive, soit éclatante et visible, soit sourde et latente. Ainsi l'histoire juive longe l'histoire universelle sur toute son étendue et la pénètre par mille trames. »
> (*Univers Israélite*, 26 juillet 1907, p. 585)

Depuis *dix-neuf siècles*, certaines Sociétés secrètes mènent une guerre souterraine contre le Christianisme et contre la civilisation qu'il a enfantée. C'est elles dont nous allons faire l'étude sommaire. Mais elles procèdent, par certains côtés, de Sociétés secrètes antérieures au Christianisme. Il nous faut donc dire quelques mots de celles-ci, tout d'abord.

Allemagne et pays Baltes — *"Sonnendwendfeier"*
Célébration de la fête annuelle du solstice d'été ou le plus long jour de l'année, le 20 ou 21 juin.

AVANT N.-S. JÉSUS-CHRIST

*D*ès *les premiers âges de l'humanité,* des Sociétés secrètes — dont les adeptes étaient reçus après des initiations graduées — existaient au cœur des religions qui se confondaient avec les civilisations des Égyptiens, des Chaldéens, des Chananéens, des Perses, etc..

Quelques nobles que fussent parfois les efforts de l'esprit humain vers le Bien manifestés dans ces confréries occultes, elles finissaient toujours par tomber dans une corruption profonde, en vertu du principe même de dissimulation et par suite de mensonge qui était à leur base.

Quelque belle que fût tout d'abord la métaphysique des penseurs qui souvent construisirent pour les Initiés des Sociétés secrètes antiques d'ingénieuses hypothèses sur Dieu, la Nature, l'Homme, — les lumières fugitives, un instant allumées, faisaient rapidement place aux ténèbres. Bref, la persévérante envolée de l'âme humaine vers les hauteurs était toujours vaincue par les ruses de celui qui était le vrai théologien de ces Sociétés secrètes religieuses, — celui que l'Écriture Sainte appelle l'Adversaire : Satan.

En d'autres termes, la vie des Sociétés secrètes antérieures au Christianisme, qui constituaient les élites pensantes du Paganisme, était une défaite perpétuelle de la raison humaine par les suggestions du Prince de ce Monde, du Démon, qui était le souverain maître de tous les peuples, sauf du peuple hébreu.

L'histoire d'Israël lui-même ne fut pas autre chose qu'une guerre sans trêve entre la religion du vrai Dieu et les religions démoniaques (1), dont les prêtres et les dévots formaient les Sociétés secrètes païennes que nous venons de dire. Il suffira ici de rappeler que les trois quarts des rois de Juda et tous les rois d'Israël se laissèrent gagner par les Mystères sanglants de Moloch. Quelles infiltrations païennes cela dénote chez la nation élue de Dieu !

En réalité, tout le long de la vie indépendante du peuple juif, seule, une petite minorité d'Israélites conserva intacte la vraie foi. Le reste — la majorité — mêlait plus ou moins à son Judaïsme ancestral le paganisme des peuples voisins.

---

1. – « *Omnes dii gentium dœmonia.* » dit la Bible.

LA « TRADITION » JUIVE
(KABBALAH)

Quand Nabuchodonosor eût détruit Jérusalem et emmené en captivité à Babylone les débris d'Israël, décimé par les massacres, les infiltrations païennes dans le Judaïsme continuèrent, bien évidemment. Les splendeurs matérielles de la civilisation babylonienne ne pouvaient manquer de frapper les imaginations juives et de les disposer à subir l'ascendant du génie chaldéen. En outre, les Hébreux de distinction qui, par ordre royal, furent instruits dans les collèges sacerdotaux de Babylone — tels Daniel et ses compagnons — y prirent contact avec les richesses intellectuelles des Chaldéens : d'où, chez certains Juifs, une pénétration des idées religieuses chaldéennes au milieu de la tradition mosaïste.

Puis, quand les Perses de Cyrus, accueillis en libérateurs par les Hébreux captifs en Babylonie, les eurent remis en possession de la Judée, les contacts des penseurs juifs — demeurés nombreux en Mésopotamie — furent naturellement plus intimes avec les penseurs persans qu'ils ne l'avaient été avec les penseurs chaldéens, dont les rois avaient été si durs envers Israël vaincu : d'où les infiltrations profondes, chez certains Juifs, d'idées religieuses persanes qui s'ajoutèrent aux apports chaldéens, et déformèrent l'antique tradition mosaïste (en hébreu *Kabbalah*) jusqu'à en faire l'*impure « Kabbale »*.

C'est ce que l'historien protestant Matter, inspecteur général de l'Université, a défini en ces termes dans un ouvrage « couronné par l'Académie Royale des Inscriptions et Belles Lettres » :

... Le système des Kabbalistes, si différent des anciennes croyances hébraïques, est une copie fortement judaïsée du Parsisme, et ses éléments remontent aux temps de l'exil (des Hébreux à Babylone)...
(*Hist. critiq. du Gnosticisme*, Paris, 2ᵉ édit., 1843, t. I, p. 154.)

Ajoutons à cela le prestige que les puissantes Sociétés secrètes religieuses des « *Kasdim* » chaldéens, puis des Mages persans, eurent forcément aux yeux de beaucoup de Juifs instruits, et nous arrivons à cette conception : tout se passe comme si certains Juifs, lors de la captivité de Babylone, avaient formé, à l'instar de leurs vainqueurs chaldéens, une Société secrète nationale, dont les enseignements n'étaient plus du pur Mosaïsme, mais un Judaïsme adultéré, mêlé de théogonies païennes de sources diverses, chaldéennes d'abord, persanes ensuite.

Remarquons d'ailleurs combien puissante devait pour les Juifs réduits à quelques milliers et plongés dans la douleur d'un humiliant esclavage, la tentation de recourir à la Société secrète, à l'imitation des Gentils, leurs conquérants ! Leur nation paraissait morte, et pourtant, leurs Prophètes lui promettaient une éternelle et glorieuse vie ! Pour aider à la réalisation des espoirs de résurrection du peuple juif — sans terre, sans armées, comme aujourd'hui — quel moyen meilleur en apparence que la Société secrète dont fonctionnaient en Mésopotamie, sous leurs yeux, de vigoureux exemplaires ?

En fait, certains événements historiques qui, autrement, demeurent des énigmes indéchiffrables, se trouveront entièrement élucidés, dans les pages suivantes, quand nous serons amenés à observer que *tout se passe comme s'il s'était formé*, pendant la captivité de Babylone, *une Société secrète juive dont les doctrines, longtemps cachées dans un mystère impénétrable, seront connues plus tard sous le nom de Kabbale* (1).

Que les doctrines de la Kabbale aient longtemps vécu *« à l'ombre du plus profond mystère »* (ce qui implique forcément l'existence d'une Société secrète chargée de les conserver et de les propager), — c'est ce que professait un illustre savant juif, Adolphe Frank, de l'Institut. Voici ses propres paroles :

---

1. – Ce qui n'est qu'une hypothèse pour l'époque de la Captivité de Babylone devient une réalité historique pour la période de la domination romaine. Nous Usons en effet dans le magistral article de M. Jean Berger, paru dans le n° 1 de la *Revue Internationale des Sociétés Secrètes* (10 Place de Laborde, Paris) :
« Par nécessité ou par nature les juifs ont toujours recherché, utilisé et aimé le mystère.
« À Jérusalem pendant la domination romaine, la Société secrète des Zélateurs..., dont le but était à la fois, le retour au mosaïsme intégral et la révolution sociale, pensa un moment sous la conduite d'Eléazar, fils de Simon, briser le joug des Césars.
« Ils avaient organisé une sorte de gouvernement occulte »...
Et « le centre d'action qu'ils créèrent en Judée n'a d'égal que chez nous dans la révolution de 89 ».
« Ces lignes étranges sont textuellement extraites de l'encyclopédie de Larousse... »
(Jean Berger, *De l'Initiation chez les Juifs*, R.I.S.S. n°1, p. 30).

Une doctrine... qui pendant une période de plus de douze siècles, sans autre preuve que l'hypothèse d'une antique tradition, sans autre mobile apparent que le désir de pénétrer plus intimement dans le sens des livres saints, s'est développée et propagée à l'ombre du plus profond mystère ; voilà eu que l'on trouve, après qu'on les a épurés de tout alliage, dans les monuments originaux et dans les plus anciens débris de la Kabbale.
(Ad. Frank, *La Kabbale ou la philosophie religieuse des Hébreux*, Paris, Hachette, 1843, p. 1.)

Pendant les cinq siècles qui s'écoulèrent de la captivité de Babylone à la naissance de N.-S. Jésus-Christ, les désastres qui accablèrent le peuple juif (leur assujettissement aux Grecs, puis aux Romains) rendirent de plus en plus nécessaire l'usage de la conspiration permanente — de la Société secrète par conséquent — aux yeux des patriotes juifs, qui attribuaient le sens matériel le plus brutal aux promesses messianiques de conquête du monde faites à leur race. Plus le malheur s'acharne sur Israël, plus cette nation « *au cou raide* » (1) se cabre contre lui. Contre toute espérance, elle persiste à espérer que l'empire de l'univers lui appartiendra, et que le *« Roi-Messie »*, son libérateur, *« broiera les peuples »*, (2)... telle est l'expression imagée d'un Rabbin.

Cette idée se généralisa et, aux temps du Christ, la grande masse des Juifs en vint à considérer le Messie comme « un roi temporel qui commanderait au monde entier » et qui « exterminerait par les armes les ennemis d'Israël » (3). A Jérusalem, les adversaires du Christ (les Pharisiens en tête), « s'indignaient de la prétention de

---

1. – *Actes des Apôtres*, VII, p. 51.
2. – *Dictionnaire de la Bible*, de l'abbé Vigouroux Fulcran ,t. IV, col. 1032 à 1036.
3. – *Dictionnaire de la Bible*.

Jésus à être le Fils de Dieu, c'est-à-dire le Messie, lui qui leur semblait si méprisable et en qui ils ne voyaient aucune aptitude à réaliser les aspirations nationales. » (1)

De nombreux passages de l'Évangile donnent à penser que l'une des sources de la haine des Pharisiens contre Notre Seigneur était dans ce fait que le Christ ne répondait nullement à l'idéal grossier qu'ils s'étaient forgé d'un Messie dominateur destiné à « *broyer les peuples* » au bénéfice d'Israël.

---

1. – *ibid.*

La symbolique de la messe
Renouvellement non sanglant du Sacrifice de Jésus Christ sur la Croix.

APRÈS N.-S. JÉSUS-CHRIST

Voici consommé le sacrifice du Calvaire. Contrairement à l'attente des bourreaux de Jésus, la religion née dans son sang prend une extension rapide. Comment le Juif — premier né des ennemis de l'Église, sur cette terre — s'y prend-il pour entraver ses progrès ? Partout et toutes les fois qu'il le peut, il flagelle, il lapide ses anciens coreligionnaires passés à la foi du Christ. Cependant, les chefs d'Israël déicides s'aperçoivent bien vite que leurs persécutions sont vaines ; le nombre des Chrétiens augmente sans cesse ; comment briser ce qu'ils considèrent comme un schisme dangereux pour le Judaïsme bâtard qu'ils ont construit de leurs mains ? Puisque la faible force dont leur sujétion aux Romains leur permet de disposer ne suffit pas pour détruire l'Église naissante, il faut autre chose : la ruse. Or, des faits historiques — dont l'énumération va s'étendre sur tous les siècles depuis l'ère chrétienne — prouveront qu'il est réel que le Juif a employé *la ruse* (une certaine ruse, toujours la même) contre le Christianisme. Cette ruse, c'est l'infiltration dans l'Église d'idées judéo-païennes, celles-là mêmes qui, beaucoup plus tard, apparaîtront au jour avec la Kabbale juive.

Comment s'exerce cette ruse ? Voici.

Des enseignements différents de ceux des Apôtres du Christ sont donnés perfidement, au sein de l'Église, par de faux frères, aux nouveaux Chrétiens encore imbus en partie des idées où ils furent élevés. Le résultat de ces enseignements — qui flattaient dans les convertis *« le vieil homme »* — est fatal : *c'est la division* parmi les ouailles, *c'est l'hérésie*.

Et qui, dès les commencements de l'Église, sema l'ivraie de l'hérésie parmi le bon grain évangélique ? — Le Juif.

Qui, par la suite des temps, a poursuivi cette œuvre avec une extraordinaire persévérance ? — Le Juif.

LA GNOSE

Sociétés secrètes gnostiques de Palestine

On sait que les Gnostiques (les hérétiques les plus anciennement séparés de l'Église) étaient organisés en Sociétés secrètes. Mais qui avait, à l'origine, lancé le mouvement des Gnostiques ? Le savant historien protestant Matter, Inspecteur général de l'Université de France, va nous le dire. Parlant des initiateurs des Sociétés secrètes gnostiques de Palestine — les premières en date — il écrit :

Simon le Mage, Ménandre, Dosithée et Cérinthe étaient juifs.
(Art. Gnose, dans le *Dictionnaire des Sciences philosophiques* rédigé sous la direction du Juif Adolphe Franck, membre de l'Institut, t. II, p. 553.)

Les doctrines de cette primitive Gnose simonienne procédaient directement de la Kabbale juive. Le Juif Ad. Franck l'a péremptoirement établi dans son livre : *La Kabbale*, Paris, 1843, p. 341, 343, etc.

Sociétés secrètes gnostiques Valentiniennes ou Égyptiennes

Leur initiateur,

Valentin, que saint Irénée place à la tête de tous les Gnostiques, à cause de l'importance de ses théories, était d'origine judaïque.

Ce n'est pas nous qui l'affirmons, c'est le même historien protestant Matter dans son *Histoire critique du Gnosticisme*, t. II, p. 37.

Leurs systèmes (des Gnostiques Valentinien) n'étaient qu'un développement de celui de Simon le Magicien.
M. Amélineau, *Essai sur le Gnosticisme*, p. 323.)

En conséquence, les systèmes des Gnostiques Valentiniens, disciples du Juif Valentin, dérivaient, eux aussi, de la Kabbale juive, par le canal des enseignements du Juif Simon le Mage.

Le Juif Valentin a pratiqué, en outre, contre le Christianisme une tactique d'hypocrisie que nous verrons trop souvent réapparaître : caché *à Rome même* sous le masque de l'orthodoxie, *au sein d'une communauté catholique*, Valentin envoyait à travers tout l'Empire romain des émissaires secrets pour *infiltrer* sa Gnose juive dans l'Église.

Sociétés secrètes gnostiques de Marc

L'hérétique Marc est celui qui vint de Judée en Gaule, jusqu'à Lyon où il fut l'adversaire de saint Irénée (1).

Or, voici ce que le même historien protestant que nous avons déjà cité, M. Matter, a écrit sur le Gnostique Marc :

Marc, originaire de la Palestine, essaya de gagner par des spéculations kabbalistiques les Juifs de sa patrie.
(*Histoire critique du Gnosticisme*, t. II, p. 106, 107.)

Ainsi, dans les Sociétés secrètes de Marc — comme dans celles de Valentin et dans celles de Simon le Mage et de ses successeurs, — les initiateurs étaient juifs, les enseignements étaient kabbalistes.

Ainsi, toutes ces Gnoses, les palestiniennes d'abord puis les égyptiennes et enfin celles qui pénétrèrent jusqu'en Gaule étaient :

1° organisées en Société secrètes ;
2° l'œuvre de Juifs — dont nous connaissons les noms ;
3° le véhicule de doctrines juives kabbalistes.

---

1. — Deuxième évêque de Lyon, après le martyre de Saint Pothin, torturé sous Marc-Aurèle.

Serpents entrelacés trouvés à Djiroft (IIIe millénaire av. J.-C.),
Symbole de la dualité du manichéisme.

Objet trouvé à Jiroft (Sud de l'Iran)
Actuellement exposé au Musée de Tabriz, en Azerbaïdjan.

LE MANICHÉISME

En deux siècles, les Gnostiques avaient épuisé leur effort contre l'Église qui restait debout, invaincue. Il fallait contre elle des troupes fraîches. C'est le Manichéisme, apparu au milieu du IIIe siècle, qui les a fournies.

Le Manichéisme porte, lui aussi, la triple marque déjà observée sur la Gnose : comme la Gnose, le Manichéisme est organisé en Sociétés secrètes ; comme elle, il a des initiateurs juifs ; comme elle enfin, il professe des doctrines d'origine juive.

Que les Manichéens aient formé des Sociétés secrètes, le fait est bien connu. Rappelons simplement que, dans son Encyclique *Humanum genus*, c'est aux Sociétés secrètes manichéennes que Léon XIII compare tout d'abord les Sociétés secrètes de la Franc-Maçonnerie.

Quant à l'origine juive de Manès et du Manichéisme, les preuves que nous en donnons ci-dessous d'après de récentes découvertes nous paraissent décisives. Mais, chose impressionnante, dès 1806 — bien avant les découvertes en question —l'officier italien Simonini, dans une lettre au P. Barruel (1), avait déclaré que des Juifs, le prenant pour un des leurs, lui avaient révélé que *Manès était Juif*, comme aussi le Vieux de la Montagne et les fondateurs de la Franc-Maçonnerie et de l'Illuminisme. En ce qui concerne Manès, on verra que les découvertes ultérieures auxquelles nous faisons allusion donnent raison à Simonini et à ses confidents juifs.

Si la Gnose est née en Judée, le Manichéisme, lui, est né en Babylonie, c'est-à-dire dans un pays qui, après la captivité de Babylone, resta l'un des centres du Judaïsme, à telles enseignes que Graëtz, le plus réputé des historiens juifs, a pu écrire que, sous le rapport de la pureté de race, la Judée elle-même reconnaissait la supériorité de la Babylonie devenue pour Israël une nouvelle Terre Promise.

Or, c'est au sud de la Babylonie, près des bouches de l'Euphrate, dans la région où la colonisation juive fut le plus compacte que vécut — et vit encore, après dix-neuf siècles — une secte gnostique, celle des Mandaïtes ou Mandéens, qui fut la mère du Manichéisme.

M. Babelon, de l'Institut, dans son livre *Les Mandaïtes*, rapporte que le *Sidra Rabba*, grand livre des Mandaïtes, relate qu'à une époque non précisée:

les Mandaïtes (primitifs) avaient été anéantis et s'étaient laissés absorber complètement par une secte juive.
(M. Babelon, *Les Mandaïtes*, Paris, 1881, p. 52.)

L'un des principaux initiateurs de cette secte devenue juive s'appelait Elxaï ou Elhasaï. C'est ce même Juif kabbaliste que le Juif Franck, de l'Institut, a présenté, dans son livre *La Kabbale*, comme un partisan de la thèse kabba-

---

1. – Lettre publiée *in extenso* par Claudio Jannet, dans *La F∴ M∴ au XIXᵉ siècle*, Avignon, 1882, p.658 à 662.

liste qui voit dans le Saint-Esprit un être féminin. (On sait que cette croyance est adoptée par certains Gnostiques actuels.)

Le nom de Mandaïtes vient de Manda,

...expression essentiellement sémitique qui signifie Science, Gnose, de sorte qu'au point de vue étymologique, Mandaïte est l'équivalent de Gnostique...

(M. Babelon, *Id...*, p. 10.)

Des emprunts... ont été faits par les Mandaïtes à la Bible, au Talmud, aux doctrines de la Kabbale juive.

(*Id...*, p. 27.)

Le Mandaïsme est par suite une Gnose où la greffe juive kabbaliste est entée, non plus sur une souche syrienne ou égyptienne, connue dans les Gnoses de Simon le Mage ou de Valentin, mais sur une souche chaldéo-persane. Nous verrons dans un instant le grand intérêt de cette différence.

Mais voici poindre Manès. — *le Juif Manès* comme Simonini l'a écrit au P. Barruel :

Cent ans environ après l'apparition d'Elhasaï, naquit Manès, de parents Mandaïtes et élevé dans les croyances Mandaïtes jusqu'à l'âge de 24 ans, époque où il conçut l'idée de fonder lui-même une religion.

(M. Babelon, *Id...*, p. 22.)

Au sujet des « parents Mandaïtes » de Manès, ajoutons que le *père de Manès* (écrit Matter, historien protestant du Gnosticisme) *était Kabbaliste*, et souvenons-nous que *Simon le Mage, Valentin et Marc*, qui, avant Elxaï, avaient aussi « conçu l'idée de fonder eux-mêmes une religion », *étaient également Kabbalistes*. Quand on réfléchit aux énormes difficultés que rencontrent d'habitude les novateurs, on trouve singulier que tant de Kabbalistes aient eu successivement l'idée de fonder des religions nouvelles en apparence, et qu'ils y aient brillamment réussi...

En réalité, ce n'est pas une religion nouvelle qu'a créée Manès, et nous allons voir en lui non un créateur génial, mais un adaptateur à qui ON avait préparé les voies : les travaux que MM. Brandt, Flügel et Kessler publièrent en Allemagne, il y a une trentaine d'années, ont prouvé en effet que Manès s'est borné à adapter le Mandaïsme à ses vues de conquête religieuse, et à le prêcher hors du pays mandéen.

S'appuyant sur les savants allemands que nous venons de dire, M. Rochat, pasteur protestant à Genève, a écrit en 1881 un remarquable *Essai sur Mâni* (Manès) *et sa doctrine*. Nous y lisons :

> Mâni a copié manifestement les livres sacrés mandéens...
> (*Essai*, p. 159.)

En particulier, pour ce qui concerne le fond de la théologie manichéenne, la vie divine et les personnes en Dieu, celles-ci — que les Kabbalistes appellent *les Sephiroth* et que les Gnostiques appellent *les Eons* — sont nommées par Manès *les Rayons du Roi du Paradis de Lumière*. Or, Manès les a copiées simplement sur *les Rayons du Roi de Lumière*, des Mandéens.

M. Rochat fait un parallèle entre les écrits mandéens et les écrits manichéens consacrés à ces Rayons, et il écrit :

> La comparaison des deux morceaux est frappante ; ce sont les mêmes idées, parfois le même style.
> (Essai, p. 165.)

Les comparaisons très nombreuses que fait en outre M. Rochat, à la suite de MM. Brandt, Flügel et Kessler, ne laissent pas l'ombre d'un doute : Manès n'a fait qu'*extérioriser* le Mandaïsme. Nous sommes dès lors amenés à donner cette définition du Manichéisme : ce n'est pas autre chose que le Mandaïsme, secte juive Kabbaliste maquillée à l'usage des non-Juifs de l'Est, comme la Gnose n'était pas autre chose que la Kabbale maquillée à l'usage des non-Juifs de l'Ouest. (Nous envisageons ici l'Est et l'Ouest par rapport à Babylone et Jérusalem). Bref, tout se passe comme si les Juifs Elxaï et Manès avaient repris au IIIe siècle à l'Orient la besogne que les Juifs Simon le Mage, Valentin, etc., avaient accomplie aux Ier et IIe siècles à l'Occident.

A l'appui de notre thèse, voici une remarque d'une grande portée que Matter a faite dès 1844 :

> Il est, disait-il, un fait curieux à signaler dans l'histoire du Mandaïsme et du Gnosticisme, c'est que le premier s'est attaché à l'Orient et y est demeuré confiné comme il l'est encore... tandis que le Gnosticisme s'est constamment dirigé vers l'Occident ; que tous les chefs de ses écoles se sont portés vers Rome, l'Espagne ou la Gaule. *On dirait que les chefs des deux systèmes s'étaient entendus pour se partager le monde connu.*
>
> (Matter, *Histoire critique du Gnosticisme*, t. III, p. 207.)

C'est un fait : tout d'abord la Gnose a conquis le monde occidental : puis le Mandaïsme — sous le nom de Manichéisme — a conquis le monde oriental et finalement tout le monde alors connu. Est-ce *par hasard* ? Les gigantesques mouvements d'idées qu'on appelle la Gnose et le Manichéisme sont-ils nés spontanément et *sans but* ?...

Observons ce parallélisme :

Premièrement, aux Ier, IIe et IIIe siècles de l'ère chrétienne, — sous l'impulsion des nombreux Juifs de Gnose que nous avons énumérés — les Gnostiques couvrent le monde *occidental* (par rapport à Jérusalem) de leurs Sociétés secrètes antichrétiennes. *Comment* s'expliquent leurs victoires ? Par ce fait que la Kabbale juive, qui est *le fond* de la Gnose, était très habilement enrobée dans des traditions syro-égypto-helléniques : celles-ci faisaient accepter sans qu'ils s'en doutassent aux Syriens, aux Égyptiens, aux Gréco-romains — bref aux nations occidentales — le Crypto-Judaïsme de la Gnose (pour employer une heureuse expression appliquée par un journaliste anglais aux Deunmehs de Salonique, Juifs modernes islamisés en apparence).

Secondement, le Manichéisme au IIIe siècle recueille des mains de la Gnose défaillante le sceptre des ennemis de l'Église. Il se propage d'abord à l'Est de Babylone, chez les peuples *dualistes* (1) de Perse et du Turkestan, avant de conquérir par étapes tout le monde occidental. *Comment* s'expliquent ces conquêtes ? Par ceci : la Kabbale juive, qui est *au fond* du Manichéisme, y avait été mêlée aux traditions dualistes chaldéo-persanes. C'étaient ces traditions *dualistes* qui faisaient absorber à leur insu, le Crypto-Judaïsme des Manichéens aux nations orientales de la Perse, du Turkestan puis aux peuple d'Occident déjà catéchisés par les Mithriaques, également dualistes.

N'oublions pas enfin — et le parallélisme sera complet — qu'à la racine du Mandaïsme, il y a le Juif Elxaï et à la racine du Manichéisme le Juif Manès, exactement comme à la racine de la Gnose il y avait eu le Juif Simon le Mage et ses disciples juifs.

Nous venons de dire *le comment* des conquêtes gnostiques et manichéennes. Eurent-elles un pourquoi ? Lorsque nous voyons des Juifs, et toujours des Juifs semer occultement des doctrines juives à l'aide de la Gnose puis

---

1. – C'est-à-dire les peuples croyant à deux principes divins, coéternels et égaux en puissant, du Bien et du Mal.

du Manichéisme qui arrachèrent à l'Église des foules innombrables, sommes-nous en droit de nous demander si ces Juifs n'avaient pas précisément pour but d'arracher à l'Église ces foules innombrables ?

Si l'on veut bien maintenant se reporter à ce que nous avons dit :

1° des doctrines juives kabbalistes qui vécurent si longtemps dans le plus profond mystère, et
2° de la Société secrète juive dont le mystère même de ces doctrines nécessite l'existence, — on comprendra le pourquoi de la Gnose et du Manichéisme, et l'on saura QUEL ENNEMI avait fabriqué en haine du Christianisme ces deux machines de guerre qui ont fait tant de mal à l'Église.

Est-il besoin de l'ajouter !

Cet ennemi, c'était LE JUIF KABBALISTE.

Mahomet en chef de guerre.
Frontispice d'une édition française clandestine
de l'ouvrage *La Vie de Mahomet* par M. Prideaux. 1609.

MAHOMET ET LES JUIFS

Certes, la Gnose et le Manichéisme ont exercé d'immenses ravages dans la Chrétienté. (Ces ravages se continuent de nos jours, car ces hérésies, mortes en apparence, persistent à vivre). Mais le Mahométisme — où nous allons de suite montrer la main juive — a causé à lui seul autant de mal que les deux grandes hérésies primitives et il fait couler autant de sang que le Manichéisme.

C'est dans la région la plus judaïsée de la Babylonie qu'était né le Manichéisme. C'est aussi dans un pays profondément judaïsé que naîtra l'Islam. Les Juifs se vantent avec raison du grand rôle qu'ils jouaient en Arabie, au moment où Mahomet allait paraître. C'est ainsi que Graëtz, le grand historien juif, écrit :

> Il n'était pas rare de voir des Juifs à la tête de tribus arabes... ; les Juifs devinrent, sous bien des rapports, *les initiateurs* des Arabes. L'histoire des Juifs de l'Arabie, un siècle avant l'avènement de l'Islamisme et pendant la vie de Mahomet, forme une des plus glorieuses pages des annales du Judaïsme.
> (Graëtz, Henrich Hirsch, *Histoire des juifs* t III, *de la destruction du second temple* (70) *au déclin de l'exilarcat* (920), p. 279.)

Plusieurs tribus arabes se convertirent au Judaïsme ; parmi elles, Graëtz mentionne :

les Benou-Kinanah, gens belliqueux, parents des illustres Koréïschites de la Mecque, etc...
La conversion la plus retentissante et la plus importante fut celle d'un puissant roi du Yémen.

(Graëtz, t. III, p. 283.)

De 520 à 530, « le Yémen entier était juif », écrit le Juif Bernard Lazare (*L'Antisémitisme*, p. 85.)

Le Koréïschite Mahomet, parent des Benou-Kinanah convertis au Judaïsme, était en relations avec Israël, le fait est bien connu. En outre, « la mère de Mahomet, Emina, était née juive... » écrit von Hammer (1) « *Mahomet fut nourri de l'esprit juif* », écrit le Juif Bernard Lazare (*L'Antisémitisme*, p. 85). « *La meilleure partie du Coran est empruntée à la Bible et au Talmud* », écrit le Juif Graëtz (*Hist.*, t. III, p. 289).

Est-ce *par hasard* et *sans but* que Mahomet, le grand poète, l'habile pécheur d'hommes, fut « nourri de l'esprit juif » par des Juifs aussi subtils et aussi ardents patriotes que le sont les savants Kabbalistes ? (2). Les sceptiques qui

---

1. – *Histoire de l'ordre des Assassins*, Paris, 1833, p. 11.
2. – La Société secrète juive des Zélateurs avait survécu à la prise de Jérusalem par Titus et s'était reconstituée *précisément à Médine, là même où Mahomet organisera l'islam* :
« L'écrivain juif Graëtz (écrit M. Jean Berger dans son article déjà cité) nous apprend que les Zélateurs réussirent à survivre à la dispersion et à se reconstituer...
Les Zélateurs, dit-il, qui s'étaient réfugiés dans l'Arabie du Nord, dans la contrés de Yatrib (Médine) réussirent à y a fonder un établissement et à s'y maintenir jusqu'au VIIe siècle... » (Graëtz... t. II. p. 403).
Par le peu que l'on en sait, Il apparait assez que si l'on pouvait connaître à fond l'organisation des Zélateurs, on découvrirait du

seraient tentés de nous reprocher de voir partout le Juif, vont le toucher du doigt dans un événement considérable de l'histoire musulmane, à la naissance du grand schisme qui a coupé l'Islam en deux, quelques années seulement après la mort de Mahomet.

Il s'agit d'un Juif converti à l'islam comme aujourd'hui les Deunmehs ou Crypto-Juifs de Salonique. Il s'appelait Alsauda Sabaï. C'est lui qui, avec une prodigieuse astuce, a divisé les Musulmans devenus, au grand scandale de leurs « initiateurs » juifs, les persécuteurs d'Israël. C'est lui qui a semé parmi les Musulmans les germes d'où naîtront de monstrueuses Sociétés secrètes. C'est lui enfin qui a allumé dans l'Islam des haines fratricides que des fleuves de sang ne pourront éteindre. Ce Juif Alsauda Sabaï mérite bien n'est-ce pas, que nous parlions de lui un instant.

---

même coup la charpente que revêtit plus tard l'organisation maçonnique.... (Jean Berger... p. 31).

Othmân ibn Affân (574 et mort en 656)

Il établit la version définitive du texte coranique – ce qu'on appelle la *« vulgate 'uthmânienne »*. Le Coran, composé de 114 sourates comptant elles-mêmes 6 236 versets transmis par oral depuis Muhammad, n'est en effet pas à l'époque un texte fixe. Si les versets eux-mêmes sont fermement établis depuis la recension ordonnée par Abû Bakr, qui avait fait confirmer l'authenticité de chaque verset en s'appuyant à chaque fois sur le témoignage d'au moins deux compagnons du Prophète, l'ordre de récitation des sourates, notamment, varie largement.

LE JUIF ALSAUDA SABAÏ

Le Schisme dans l'Islam

Disons rapidement que Mahomet devint un ennemi des Juifs, à la grande déconvenue des chefs secrets d'Israël qui escomptaient, au bénéfice de leurs ambitions cachées, les progrès de la religion musulmane en tant que celle-ci était à moitié judaïque. Pareille mésaventure des puissances occultes n'est d'ailleurs pas unique dans l'histoire. Pour demeurer secrète, leur action ne peut s'exercer par des ordres, mais seulement par des suggestions. Dès lors, il est normal que les Puissances occultes ne puissent empêcher certains mouvements dont elles sont les créatrices de dévier au point de se retourner contre elles. Il est normal également que le Pouvoir occulte juif, la Société secrète juive ait employé contre l'Islam — le nouvel ennemi — les mêmes armes employées déjà contre le Christianisme naissant. De fait, *le Juif a inoculé le poison de la Gnose à l'Islam comme il avait, six siècles plus tôt, inoculé le même poison au Christianisme.*

L'être instrumentaire qui, au Ier siècle, avait donné au Christianisme la maladie de la Gnose — c'est-à-dire la Kabbale juive — était, on s'en souvient, le Juif Simon le Mage.

L'être instrumentaire qui, au VIIᵉ siècle, empoisonna l'Islam avec le même virus kabbaliste, fut le Juif Alsauda Sabaï. Résumons, d'après M. R. Dozy, l'inquiétante carrière de cet enfant d'Israël :

C'était un Juif converti de l'Arabie méridionale... Othman *(troisième successeur de Mahomet)* dont il blâmait ouvertement l'administration, l'avait exilé de Médine ; il s'était rendu alors en Egypte où, grâce à sa profonde connaissance de l'Écriture Sainte, il s'était bientôt acquis une grande considération... Il soutenait.., que tous les Prophètes que Dieu avait envoyés sur terre avaient eu un aide ou *vizir* : le vizir de Mahomet n'était autre qu'Ali *(son gendre)* ; aussi la succession lui revenait-elle après sa mort.

« Othman n'est donc pas un Khalife légitime (disait Alsauda) ; il n'a pas le droit à l'obéissance ; il faut le déposer ». Othman ne fut pas seulement déposé, mais assassiné, et Alsauda Sabaï joua un grand rôle en cette occasion.

(M. Reinhart Dozy, *Essai sur l'Histoire de l'Islam*, p. 221.)

Après l'assassinat d'Othman, Ali, gendre de Mahomet, parvint enfin au Khalifat, dont il avait été jusqu'alors écarté. Alsauda Sabaï poussa si loin le culte de ce prince qu'*il le déclara dieu*. Indigné, l'honnête musulman Ali envoya le Juif Alsauda en exil et fit brûler quelques-uns de ses partisans les plus fanatiques.

Malgré cela, écrit M. Dozy le Juif converti s'en tint à son idée, et quand Ali eût été assassiné, il annonça qu'il n'était pas mort, qu'une partie de la divinité habitait en lui.

(M. Reinhart Dozy, *Ibid.*, p. 222.)

C'est sur cette base de la divinité d'Ali et de ses descendants que le Juif Alsauda Sabla fonda la puissante secte des Chiites dont le schisme coupa l'Islam en deux.

Remarquons que le dogme de l'incarnation d'une parcelle de la divinité dans Ali, ses fils et ses petits-fils n'est autre chose que le dogme kabbaliste de la réincarnation.

Les Chiites attendaient le *Mâdhi* (le Dirigé de Dieu), l'*Imân*, descendant et incarnation d'Ali, qui devait venir sur terre pour établir le règne de la .Justice et tirer vengeance des oppresseurs. Mais cette croyance en un Mâdhi n'est pas autre chose que la croyance juive kabbaliste en un Roi — Messie « qui broiera les peuples ».

Bref les Chiites — qui cherchaient dans le Koran *le sens interne* ou caché, le sens ésotérique, et cela au moyen de la méthode juive kabbaliste de l'*Allégorie* — apparaissent au sein de l'Islam comme des Gnostiques, autrement dit comme des Kabbalistes.

En résumé, le Juif Alsauda Sabaï s'est servi de la Kabbale connue d'un coin, pour fendre en deux le chêne de l'Islam.

Les Ismaïliyah (ou Ismaïlites)

De la fin du VIIe à la fin du VIIIe siècle de notre ère, sept Imans de la postérité d'Ali se succédèrent en ligne directe, à l'état de prétendants persécutés par les Musulmans orthodoxes. Autour de ces Imans arrière-petit-fils d'Ali (et de Sa femme Fatime, fille de Mahomet) se réunirent des Sociétés secrètes dont les doctrines sont manifestement kabbalistes, comme celles du Juif Alsauda Sabaï, leur ancêtre spirituel. Disons en passant que le célèbre orientaliste Guyard a remarqué de grandes analogies entre les doctrines de ces Sociétés secrètes chiites et celles qui, plusieurs siècles plus tard, s'appelleront l'Averrhoïsme. Or, le Juif Bernard Lazare proclame que l'Averrhoïsme fut aux mains de ses coreligionnaires une arme puissante contre la foi chrétienne. Ainsi les doctrines kabbalistes des Chiites avaient servi contre l'Islam avant de servir contre le Christianisme.

La dernière en date (fin du VIIIe siècle) des sectes chiites en question s'appelle la secte des Ismaïliyah, du nom d'Ismaïl, le septième Iman. C'est elle qui, au IX⁰ siècle, va devenir le premier cadre d'une Société secrète pour le moins aussi perverse et aussi terrible que celle des Illuminés de Weishaupt, au XVIII⁰ siècle.

UN WEISHAUPT AU IXᵉ SIÈCLE

Abdallah fils de Maïmoun et ses néo-Ismaïlites

L'homme étrange qui fut le créateur *apparent* de cette Société secrète des Ismaïliyah (1) réformés (ou Néo-Ismaïlites) avait nom Abdallah, fils de Maïmoun l'occultiste.

Abdallah (écrit l'historien hollandais, M. R. Dozy) conçut le plan... de réunir dans une Société secrète qui aurait différents degrés d'initiation, aussi bien les libres penseurs que les gens superstitieux de toutes les sectes ; de se servir des croyants pour faire régner les infidèles, des conquérants pour renverser l'empire qu'ils avaient fondé ; de se former enfin un parti nombreux, étroitement uni, dressé l'obéissance passive qui, quand le moment serait venu, donnerait le trône sinon à lui-même, du moins à ses descendants...

(*Essai Hist. Islam*, p. 260.)

Pour parvenir au but visé par Abdallah, écrit un autre savant hollandais, M. de Goeje,

on inventa un ensemble de moyens qu'on peut à juste titre qualifier de sataniques : on se fondait sur tous les côtés faibles de l'homme...

---

1. – Voir à la fin du chapitre précédent.

Et on mit ce système en œuvre avec un calme et une résolution qui excitent notre étonnement et qui, si l'on pouvait oublier le but, mériteraient notre plus vive admiration. (*Mémoire sur les Carmathes du Bahraïn et les Fatimides*, p. 3.)

Le plus admirable, c'est qu'en deux générations le but colossal poursuivi par Abdallah fut atteint victorieusement.

Qu'était Abdallah ? *Pour qui* travaillait-il ? Pour lui ou pour d'autres ? Le triomphe de ses desseins était-il dû à son génie transcendant ou bien à des aides aussi puissantes que mystérieuses ?...

ÊTRES INSTRUMENTAIRES

Certains passages de l'ouvrage déjà cité de M. Dozy donnent l'impression qu'Abdallah et son père étaient (comme précédemment le Juif Manès et son père) des êtres plus *agis* encore qu'*agissants*, des êtres instrumentaires mûs par des mains cachées. Et nous verrons que ces mains étaient juives.

Le père d'Abdallah, Maïmoun, oculiste de profession (écrit M. Dozy), était un libre penseur. Pour échapper aux griffes de l'Inquisition (*sous-entendu : des Musulmans orthodoxes*), dont soixante-dix de ses amis avaient été victimes, *il avait cherché un refuge à Jérusalem*, où il enseignait en secret les sciences occultes, tandis qu'en public il se donnait pour chiite pieux et zélé.
(*Essai... Islam.* p. 260.)

Nous avons là sous les yeux un être double qui porte le *masque* d'une religion pratiquée par lui au dehors, mais par lui maudite au dedans (1) —un être semblable à celui

---

1. – Dans de cyniques et effrayantes « Instructions », Abdallah fils de Maïmoun, — soit disant « chiite pieux et zélé » c'est-à-dire partisan passionné des petits-fils d'Ali — ordonnait à ses initiés des hauts

qu'on appellera plus tard le Juif Marrane. Or, comme déjà le Juif Manès, Maïmoun venait de la Babylone judéo-persane où Israël avait imprimé profondément sa marque, et c'était à Jérusalem qu'il se réfugiait pour enseigner les sciences occultes, la Magie, cette Magie païenne dont la Kabbale et le Talmud sont pétris ! N'est-on pas en droit de se demander dès maintenant si Maïmoun et son fils Abdallah n'étaient point sinon des Juifs, du moins des agents secrets du Juif ? La suite de notre récit montrera ce qu'il convient d'en penser.

---

grades de tuer sans pitié tout Alide qui leur tomberait sous la main.

L'ARCHANGE SAINT MICHEL

Tiré du tableau de *l'Assomption de la Vierge.* du Pérugin. (Académie des Beaux-Arts, à Florence, XVIe siècle.) — Avant la ruine du temple de Jérusalem et la dispersion des Juifs, quand déjà tout présageait l'horrible catastrophe, on entendit, au rapport de l'historien Josèphe, les anges du sanctuaire s'écrier : « Sortons, sortons d'ici ! » Un ancien texte rabbinique ajoute que les régions occidentales furent dès lors confiées au gouvernement de **saint Michel** ; comme si, justement à cette heure, le glorieux archange s'était envolé vers Rome et vers nos contrées, pour en prendre possession et y établir le siège de son nouvel empire... La France chrétienne, en effet, ne devait pas tarder à naître et à grandir, pour devenir dès son berceau, sous l'égide de saint Michel, le soldat du Christ et de son Eglise.

LE JUIF OBAÏDALLAH

Khalife pseudo-fatimide

Abdallah — digne fils du « libre-penseur » Maïmoun, professeur de sciences occultes — eut le bonheur de faire connaissance d'un Persan colossalement riche nommé Zaïdan, très versé dans les sciences occultes, lui aussi, et ennemi acharné de l'Islam qui avait écrasé son pays.

Abdallah convainquit Zaïdan que le secret de la force des Arabes musulmans, c'était leur foi. Donc, c'était leur foi qu'il fallait briser avant tout, si l'on voulait ruiner la puissance arabe et délivrer la Perse. Zaïdan, enthousiasmé, mit son immense fortune à la disposition d'Abdallah qu'il croyait être comme lui-même, un patriote persan. Mais Abdallah, pour nous, n'était persan qu'en apparence : en réalité les richesses du *vrai* Persan tombées dans les mains d'Abdallah vont servir à payer les frais de la guerre de la nation juive contre la nation arabe et à poursuivre avec une extraordinaire maestria les plans de dislocation de l'Islam esquissés deux cents ans plus tôt par le Juif Alsauda Sabaï. Bien plus, un petit-fils d'Abdallah va devenir le Mâdhi Obaïdallah, fondateur de la puissante dynastie des Khalifes *dits* Fatimides qui arracheront aux *vrais* musulmans un immense empire et manqueront de tuer l'Islam. Enfin, cet *Obaïdallah* — qui osait se prétendre descendant d'Ali et de Mahomet, par sa fille Fatime — *était un Juif* aux yeux de certains historiens musulmans. Sous ce Grand-Maître d'une véritable Judéo-Maçonnerie du Moyen-âge, *ce fut en réalité la Kabbale juive qui régna pendant plusieurs siècles, depuis la Syrie jusqu'au Maroc.*

Après cela, nos lecteurs apprécieront si Abdallah et Obaïdallah étaient ou non des agents de la Société secrète juive kabbaliste comme l'avaient été le Juif Simon le Mage et le Juif Manès qui firent tant de mal au Christianisme, et comme l'avait été après eux le Juif Alsauda Sabaï qui avait commencé contre l'Islam le travail de sape que perfectionna la Société secrète des Néo-Ismaïlites.

Observons encore que les Néo-Ismaïlites d'Abdallah au IXe siècle, comme les Illuminés de Weishaupt au XVIIIe siècle, étaient les ennemis de toute morale comme de tout ordre social et que les degrés d'initiation de Weishaupt, offrent les plus étroites ressemblances avec ceux d'Abdallah.

Chose à noter, ce n'est qu'au milieu du XIXe siècle que les savants occidentaux ont, commencé à étudier les procédés et les doctrines Ismaïlites si semblables aux procédés et aux doctrines des Illuminés de Weishaupt — lequel les avait enseignées durant le XVIIIe siècle et ne pouvait donc les connaître par la science européenne. Mais... « *Weishaupt était entouré de Juifs* », avoue le Juif Bernard Lazare dans son livre l'*Antisémitisme*...

À 28 ans, en 1776, Weishaupt *semblera* fonder à lui seul un ensemble de Sociétés secrètes dont la conception exige un esprit d'intrigue d'une profondeur vertigineuse. C'est tout jeune aussi que, neuf siècles plus tôt, Abdallah avait *semblé* fonder, à lui seul, sa superposition de Sociétés secrètes.

Parallélisme suggestif !... Serait-ce qu'un même professeur de Mystère et de Secret, le Juif — qui reste le même à travers les âges — aurait donné à ces deux jeunes monstres, Abdallah et Weishaupt, les mêmes leçons d'hypocrite scélératesse, à neuf siècles de distance ?...

L'église du Saint-Sépulcre
Jérusalem, quartier chrétien.

"Et encore, voici le plus magnifique et le plus merveilleux : chaque année, le soir du Samedi Saint, sur le Tombeau apparaît un feu, mieux, une lumière sainte, qui l'emplit et toutes les lampadas suspendues autour s'allument à ce feu et brillent plus clair. Mais apprends comment cela se passe, écoute : cette grâce arrive et le miracle apparaît par les prières du saint et orthodoxe Patriarche de Jérusalem, lorsqu'avec la foule il fait trois fois le tour du Tombeau en chantant :

"Ta Résurrection, Ô Christ Sauveur, les Anges la chantent dans les cieux, et nous sur la terre, rends-nous dignes de Te glorifier d'un cœur pur !"

Ayant accompli cela, le Patriarche entre à l'intérieur du Sépulcre et les très belles bougies de cire blanche sont allumées par lui à cette lumière. Puis il en sort, s'assied à l'endroit qui lui a été préparé, et toutes les personnes rassemblées s'approchent et de même allument leurs bougies à celles que tient dans ses mains le Patriarche."

Moine Parféni
à propos de Jérusalem :

Une foule de pèlerins s'engouffre dans l'entrée principale, 1898.

DEUX ÉQUIPES

Princes fatimides et brigands Carmathes

On sait qu'à plusieurs époques (entr'autres de 1815 à 1848, en Europe), la besogne des Sociétés secrètes antisociales fut partagée entre deux équipes qui fonctionnaient ou successivement ou simultanément : celle des agitateurs et corrupteurs et celle des assassins.

Or, dès le IXe siècle, le Juif Kabbaliste a réussi, grâce à la secte néo-ismaélite, son instrument, ce coup remarquable : d'employer simultanément et avec un succès complet ici des corrupteurs, les *Daïs* ou missionnaires des « Loges » (1) fatimides, et là des assassins fanatisés, les Carmathes.

En même temps que la Société secrète néo-ismaïlites préparait sa fondation du Khalifat dit des Fatimides. elle organisait, à l'est de l'Arabie, dans le Bahraïn, — *pays profondément judaïsé* — une branche nouvelle où se pratiqua *le communisme le plus absolu des biens comme des femmes.*

---

1. – L'historien autrichien Von Hammer parle souvent des « Loges » de la Société secrète néo-ismaïlite ou fatimide.

Aux « Frères » de cette nouvelle secte, tous les crimes étaient permis, pourvu qu'ils eussent *la foi*. On leur persuadait que

moyennant la foi, ils n'avaient à redouter ni péché ni châtiment...

(M. de Goeje, p. 30.)

Cette nouvelle secte néo-ismaïlite fut celle des Carmathes.

Des torrents de sang et des villes en cendres révélèrent bientôt son existence au monde, écrit l'historien autrichien Von Hammer.

(*Hist. de l'Ordre des Assassins*, p. 47.)

Les Carmathes affaiblirent si bien les Khalifes de Bagdad, par leurs continuelles attaques, que lorsque le Juif Obaïdallah aura osé, en Afrique, ceindre le turban impérial, la cour de Bagdad sera obligée, dans son impuissance, de laisser impunie celte usurpation.

Telle fut, à l'est et à l'ouest, la double et brillante victoire que le Juif Kabbaliste a remportée, à la suite de son application du collectivisme intégral dans le Bahraïn, près du Golfe Persique.

Le Saint-Sépulcre du Christ et la Pierre Noire de la Mecque

Si l'on pouvait, encore douter que la main juive fût cachée derrière la Société secrète néo-ismaïlite, voici qui serait de nature à lever toute hésitation.

Il est avéré que la Mecque fut prise et saccagée par les Carmathes qui, pour tâcher de « *détruire la religion (mahométane) toute entière* », en enlevèrent le palladium musulman, la fameuse *Pierre noire*, et cela sur un ordre (secret) d'Obaïdallah qui allait ébranler l'Islam jusque dans ses fondements, et dont les fidèles devaient parler avec horreur, même après plusieurs siècles.

(M. de Goeje, p. 98.)

Cent ans plus tard, au temps du roi Robert Ier, fils d'Hughes Capet, un Juif d'Orléans fut envoyé par ses coreligionnaire de France en ambassade auprès du Khalife fatimide d'Égypte, arrière-petit-fils du Juif Obaïdallah. *Le Juif d'Orléans demanda au descendant du Juif Obaïdallah de détruire le sépulcre du Christ à Jérusalem (ce qui fut fait) afin d'abattre le Christianisme d'un seul coup.*

Dans les deux cas, c'était *la haine juive* que servaient ces deux Khalifes d'origine juive, agents d'exécution de la Société secrète Kabbaliste des Néo-Ismaïlites.

Emile Signol (1804-1892), *La Prise de Jérusalem*, Château de Versailles.

ACTION VISIBLE
& ACTION CACHÉE

En Occident

Jusqu'ici, nous avons parlé de l'action juive en Orient sous ses deux aspects opposés :

1° l'*Action directe, au grand jour* (chez les Arabes antérieurs à Mahomet) ;

2° l'*Action occulte*, cachée sous le masque des Sociétés secrètes gnostiques, manichéennes, ismaïlites, pour s'exercer par l'intermédiaire des Loges de ces diverses Maçonneries primitives.

Or, chez les nations occidentales nées sur les ruines de l'Empire romain, et en France particulièrement, le Juif a mené une semblable guerre de conquête, d'abord au grand jour, puis par le moyen occulte des « Loges » manichéennes essaimées d'Orient en Occident.

Au temps de certains rois mérovingiens, non seulement nos ancêtres gallo-francs étaient sur le pied d'égalité avec les Juifs — comme les Arabes l'étaient avec leurs *métèques* juifs, à la même époque — mais encore ils étaient à certains points de vue dominés par Israël qui prélevait sur eux les impôts et trafiquait de la chair de leurs fils réduits en esclavage. Les évêques de France ont combattu avec énergie l'immense danger qu'il y avait là pour la foi de leur peuple chrétien.

Sous les Empereurs carolingiens, la suprématie juive fit de grands progrès en France. Le prosélytisme juif s'y exerçait avec intensité. Un historien juif, M. Israël Lévi, a vanté le *libéralisme* de Charlemagne et sa « politique réconfortante pour les Juifs ».

L'influence directe du Juif était si puissante à la cour de Louis le Débonnaire que l'Évêque de Lyon, saint Agobard, y fut traité avec le plus grossier mépris quand il alla présenter à l'Empereur ses justes doléances contre Israël. Lorsqu'il déclara au souverain que ses fonctionnaires, à Lyon, étaient aussi terribles pour les Chrétiens que doux pour les Juifs, ce fut dans cette Cour judaïsée un scandaleux *tolle* (1) contre le grand Évêque.

Le Juif d'Orléans — Réaction anti-juive (An 1014)

Sous les Capétiens, la scène change. Nous avons dit plus haut comment un Juif d'Orléans (alors capitale de Robert Ier, fils d'Hugues Capet) fut envoyé en ambassade par ses coreligionnaires auprès du Khalife fatimide d'Égypte.

Il nous faut ajouter ici certains détails. Cela se passait en 1014, date à retenir. Le Juif d'Orléans était porteur de lettres où les Juifs de France adjuraient le Fatimide — ismaïlite et kabbaliste — *de renverser l'Église du Saint-Sépulcre à Jérusalem* afin de ruiner par la base

---

1. – (Note de Lenculus) Par allusion à la traduction latine de Jean XIX, où les Juifs demandent à Ponce Pilate de crucifier Jésus par ce cri: *Tolle, tolle, crucifige eum.*

les « superstitions » chrétiennes : le Fatimide combla leurs désirs ; il détruisit le Saint-Sépulcre. Mais, en revanche, les Juifs furent massacrés dans la France entière, et à son retour d'Égypte, le courrier juif fut brûlé à Orléans.

C'est ainsi que vengeant l'outrage juif contre le Saint-Sépulcre, la légitime colère du peuple de France fit perdre en quelques jours à Israël tout le terrain que lui avait permis de gagner la politique judaïsante des Carolingiens.

Mais si l'action au grand jour était devenue impossible au Juif, il lui restait, pour miner la Chrétienté, le monde souterrain des Sociétés secrètes d'origine juive. Les unes, les gnostiques, s'étaient installées en France dès le Ier siècle ; les autres, les manichéennes, y avaient successivement pénétré par les trois frontières du nord, de l'est et du sud.

Une Secte Manichéenne.... ou Juive à Orléans (An 1022)

C'est encore à Orléans, capitale du roi Robert Ier, qu'eut lieu en 1022 une nouvelle manifestation de l'action juive, mais cachée cette fois sous le masque d'une Société secrète. Celle-ci était gnostique selon quelques historiens, manichéenne selon d'autres. Pour le Juif Bernard Lazare, *elle était juive* (1).

Au commencement du XIe siècle, une hérésie judéo-manichéenne avait donc gagné — sous forme de Société secrète — de hauts personnages d'Orléans, laïcs et ecclésiastiques, des religieuses, des prêtres même. L'un de ces derniers, nommé Étienne,

---

1. – L'Antisémitisme... Paris, 1894, p. 25.

avait même dirigé la conscience de la reine Constance, femme de Robert. Divers autres tenaient les chaires principales des écoles ecclésiastiques d'Orléans.

(Du F∴Doinel. Patriarche gnostique.)

Bref, comme le gnostique juif Valentin, ces conspirateurs répandaient *secrètement* leur hérésie en se dissimulant sous le manteau de l'orthodoxie catholique.

Le 28 décembre 1022, un certain nombre de ces Judéo-Manichéens périrent sur le bûcher, à Orléans. Mais l'invisible réseau des Sociétés secrètes était déjà trop étendu en France pour que la mort de quelques Manichéens fût la mort du Manichéisme.

Dès 1023, l'hérésie reparaissait à Limoges. En 1025 elle renaissait à Arras. Un peu plus tard à Liège.

(F∴ Doinel.)

LES ALBIGEOIS MANICHÉENS
& LES JUIFS

Un siècle plus tard, le Manichéisme — issu du juif Manès — était partout. Sous les noms de *Cathares* dans les pays slaves, de *Patarins* en Italie, de *Brabançons* dans le nord de la France, d'*Albigeois* dans le midi, les Manichéens Pullulaient et répandaient leur foi mi-kabbalistique avec une ardeur incroyable. Partout ces sectaires étaient organisés en Sociétés secrètes. Ils avaient leurs écoles, leurs docteurs qui connaissaient à fond les textes bibliques, écrit M. Schmidt, et étaient très habiles à les interpréter, tantôt d'après la lettre, tantôt *d'après l'allégorie*, dit-il. Nous sommes donc ramenés encore au Juif, inventeur de la méthode allégorique par laquelle on fait dire aux Livres Saints tout ce qu'on veut.

Michelet — si clairvoyant quand son fanatisme anticatholique ne l'aveugle pas — a constaté que

les docteurs des Brabançons enseignaient tout haut Aristote ; tout bas les Arabes et les *Juifs avec le Panthéisme d'Averrhoës et les subtilités de la Kabbale.*

(*Hist. de France*, t. II, p. 393.)

Cela revient à dire que la doctrine secrète, *ésotérique* des Brabançons (Albigeois, Patarins, etc.) n'était pas autre chose que le Judaïsme kabbalistique.

De son côté, le grand historien juif Graëz a écrit :

... C'est dans leurs relations avec les Juifs instruits ou dans des ouvrages juifs que les Albigeois... avaient puisé en partie la pensée de repousser l'autorité de la papauté. Il y eut même parmi les Albigeois une secte qui déclarait hautement que « la doctrine des Juifs était préférable à celle des Chrétiens... »

(Graëtz, *Hist. des Juifs*, t. IV, p. 163.)

Entre le Juif Manès et les savants juifs qui, au XIIe siècle, excitaient les Albigeois manichéens contre l'Église, neuf siècles ont passé. Mais le Manichéisme est resté le même, immuable comme le Juif kabbaliste, son père, est immuable. L'âme des Sociétés secrètes albigeoises, c'était l'âme même du peuple juif, emplie de haine contre l'Église et les peuples chrétiens.

Rappelons d'un mot les cruautés affreuses exercées par les Albigeois contre les Catholiques pendant une trentaine d'années, avant que Simon de Montfort vint abattre la puissance de ces Judéo-Manichéens, dans ce Languedoc que Michelet a appelé « la Judée de la France » (1) tant l'esprit juif y était maître.

---

1. – *Hist. de France*, t. II, p 409.

LES TEMPLIERS

Quand la secte albigeoise tomba sous les coups des Français catholiques du nord dont Simon de Montfort était le chef, ce ne fut pas la fin de l'Albigéisme judéo-manichéen, car les Seigneurs albigeois échappèrent en grand nombre à la mort en pénétrant dans l'Ordre du Temple, nous allons dire comment ; ils transmirent à cet Ordre religieux la contagion manichéenne et désormais les Templiers vont être en Europe les agents (inconscients pour la plupart) du Pouvoir occulte juif.

Tout d'abord, qu'étaient les Templiers ?

À Jérusalem, en 1118, 90 ans avant l'écrasement des Albigeois, plusieurs chevaliers français avaient fondé l'Ordre du Temple pour défendre contre les Musulmans la Terre-Sainte reconquise. Les Templiers avaient d'abord été fidèles à leurs grands devoirs. Mais les richesses qu'ils accumulèrent et leur influence devenue très grande les désignèrent comme une proie superbe aux ennemis de l'Église.

Les statuts primitifs des Templiers, attribués à saint Bernard, perdirent peu à peu leur austérité par des modifications où l'influence de « personnalités soigneusement couvertes » se décèle :

Une prescription particulièrement dangereuse des derniers statuts est celle qui recommande en quelque sorte aux Templiers de chercher des recrues parmi les Chevaliers excommuniés, afin de faciliter « le salut éternel de leurs âmes »... On aurait tort de croire que les réceptions de ce genre fussent exceptionnelles. Elles l'étaient si peu que les Hospitaliers (1) suivaient la même règle. L'historien de Jérusalem, Guillaume de Tyr, leur en adressait de sanglants reproches dès la fin du XIIe siècle.

(A. Rastoul, *Les Templiers*, Paris, Bloud, 1905, p. 13.)

Ici. M. Rastoul ajoute en note :

Cette prescription scandaleuse est traduite, *par un contresens volontaire*, d'un article de la règle latine (*la règle primitive*), le 64e, qui précisément exclut du Temple les excommuniés.

C'est en vertu de cette clause *glissée en fraude* dans les statuts des Templiers, que de nombreux seigneurs albigeois eurent la vie sauve en entrant dans l'Ordre du Temple. Ce fut aussi l'une des causes de la chute des Templiers. Nous disons : l'une des causes. Non seulement, en effet, les Templiers furent pénétrés par *la Kabbale juive sous son masque manichéen et albigeois*, mais ils furent encore pénétrés par *la même Kabbale sous son masque néo-ismaïlite*, — masque forgé par Abdallah, fils de Maïmoun, et perfectionné par un autre agent secret dont nous n'avons pas encore parlé, Haçan, fils de Sabah, le Vieux de la Montagne, le chef des *Haschichim* ou *Assassins*.

Comment les Templiers furent-ils pénétrés par les sectaires orientaux ? Voici :

---

1. – Ordre rival des Templiers (L D.)

En dehors des Chevaliers et des Servants, les maisons du Temple renfermaient des écuyers, des auxiliaires ou *Turcoples* et des esclaves musulmans, toutes gens dont le contact perpétuel, joint à la corruption ambiante de la chrétienté orientale, n'était point fait pour faciliter la vie religieuse.

(A. Rastoul, *Les Templiers*, p. 16.)

On voit dès lors comment il put se faire que dans le même temps où, en France, l'Ordre du Temple subissait la dangereuse pénétration de l'Albigéisme judéo-manichéen, — en Palestine il était encore pénétré par l'Ismaïlisme, sous la forme particulièrement perverse de la *Société secrète des Assassins du Vieux de la Montagne*, d'origine juive kabbaliste, elle aussi.

La mort de Simon le magicien

Selon les Actes des Apôtres, après avoir été baptisé par Philippe, Simon le Magicien veut acheter à Pierre son pouvoir de faire des miracles (Ac 8. 9-21), ce qui lui vaut la condamnation de l'apôtre : « Que ton argent périsse avec toi, parce que tu as pensé acquérir avec de l'argent le don de Dieu. »

LE VIEUX DE LA MONTAGNE

Précédemment, les Ismaïlites nous sont apparus sous deux aspects différents : comme Fatimides, en Egypte, ils opéraient selon le mode de corruption hypocrite, et comme Carmathes, en Arabie, ils travaillaient à la manière terroriste. Ces deux caractères furent réunis dans la Société secrète des Haschichim par leur fondateur Haçan, fils de Sabah, *le Vieux* (ou *Scheikh*) *de la Montagne*.

Ce dernier — comme le Juif Simon le Mage, comme le Juif Manès et comme le Juif Alsauda Sabaï — nous semble avoir été l'homme de la Société secrète juive, du Pouvoir occulte juif.

Voici pourquoi.

Plus haut, dans notre paragraphe sur le Manichéisme, nous avons parlé de la lettre adressée en 1808 au P. jésuite Barruel par l'officier italien Simonini — lettre fameuse classée depuis aux archives du Vatican. Dans cette lettre, on s'en souvient, Simonini déclare que des Juifs d'Italie lui ont dit que *Manès était juif* et que *le Vieux de la Montagne* était juif, lui aussi. Or, cette tradition juive, confiée à Simonini à la fin du XVIIIe siècle, se trouve corroborée par de très antiques livres persans traduits en Europe longtemps après Simonini.

Les Persans contemporains d'Haçan, fils de Sabah (ils écrivaient sept siècles avant Simonini) disent en effet que les sectaires d'Haçan se nommaient entre eux *Bathéniens*, c'est-à-dire partisans de l'interprétation *allégorique* du Coran. Or il est avéré que ce sont les Juifs kabbalistes qui ont inventé l'interprétation allégorique des Livres Saints. C'est à l'aide de cette interprétation allégorique qu'ils ont changé le vin pur de la tradition de Moïse en le vinaigre de leur impure Kabbale, avant de s'en servir pour judaïser et tâcher de subjuguer les Goïm, tant chrétiens que musulmans.

La doctrine des Assassins se ramène, au fond, à la vieille Kabbale implantée dans l'Islam dès le VIIe siècle (400 ans auparavant) par le Juif Alsauda Sabaï, précurseur du Kabbaliste ismaïlite Abdallah, fils de Maïmoun, lui-même précurseur Haçan, fils de Sabah, qui « réforma » et perfectionna l'Ismaïlisme. Le roman le plus étrange est inférieur en étrangeté à la vie réelle de l'homme de ténèbres que fut Haçan, « le Vieux de la Montagne ». Comme son ancêtre spirituel du IXe siècle Abdallah fils de Maïmoun — Haçan, fils de Sabah, sort au XIe siècle d'une famille mystérieuse. Les uns le disent persan, les autres arabe. Comme Abdallah, il affectait d'être un zélé chiite, un ardent partisan des Alides — qu'il fera tuer, tout comme l'avait fait Abdallah. Il débuta dans la vie politique par une odieuse trahison qui l'égale presque en infamie à Judas, le traître par excellence.

Plus tard, initié aux mystère de la Société secrète ismaïlite où il monta vite en grade, Haçan fut reçu comme un prince par le Khalife fatimide d'Égypte, descendant du

Juif Obaïdallah. Mais une révolution de palais le chassa du Caire, et il rentra en fugitif dans son pays natal, en Perse.

Puis, voici que ce fugitif d'hier est devenu un grand chef occulte. Par trahison — toujours — il s'empare de la forteresse d'Alamout qui devient le centre de la puissance de sa Société secrète en sept grades, et il légitime sa conquête aux yeux des populations voisines *à l'aide de la Kabbale juive* et de ses combinaisons de lettres et de nombres.

Les Haschichim ou Assassins

Plus perfide encore que la Société secrète d'Abdallah, le Weishaupt du IXe siècle, la secte de Haçan avait pour caractéristique une diabolique innovation de son fondateur : l'un des grades inférieurs de cette Société secrète, dite des Haschichim, était celui des Fédâvis ou Dévoués, Sacrifiés ; c'est le nom porté encore en Perse par les sectaires assassins. L'hypocrisie du système de Haçan était si perfectionnée qu'elle arrivait à ces résultats : les Fédâvis « ne quittaient pas un instant le poignard » (écrit Von Hammer) ; on les envoyait assassiner ici et là tous les ennemis de l'Ordre, fort bons musulmans pour la plupart, —et ces Fédâvis, encore plus dupes que complices, croyaient par ces crimes devenir les musulmans les plus purs, le plus méritants, alors que leur secte était, *à leur insu*, un terrible instrument de destruction forgé conte l'Islam !

Divers historiens européens ont cité là-dessus de vieilles chroniques, tant chrétiennes que musulmanes. On y voit comment l'un des successeurs d'Haçan à la Grande Maîtrise de l'Ordre des Assassins conclut *contre les musulmans et par l'intermédiaire des Templiers* un traité secret avec le roi chrétien de Jérusalem. D'affreux désastres fondirent sur les Croisés, en punition de cette honteuse et éphémère alliance de « la Croix avec les Poignards ».

Bornons-nous à faire cette grave constatation : les Haschichim ou Assassins (Kabbalistes judaïsants grimés en Musulmans) ont combattu l'Islam en Orient — comme les Albigeois (Kabbalistes judaïsants grimés en Chrétiens et bientôt cachés sous le manteau des Templiers) ont combattu le Christianisme en Occident. Ici comme là, les *vrais* Chrétiens et les *vrais* Musulmans avaient, pour adversaires occultes, des Sociétés secrètes d'origine juive, issues de *Crypto-Juifs* (1).

---

1. – Nous l'avons déjà dit. Mais il est utile de le répéter : *Crypto-Juifs* est expression suggestive imaginée par un journaliste anglais pour qualifier les *Deunmêhs*, les Juifs islamisés qui ont fait, en 1908 la révolution dite jeune-turque.

CHUTE DES TEMPLIERS

Avec la chute des Templiers, nous abordons, dans l'histoire des Sociétés secrètes, une série de faits tellement touffus qu'il nous faut renoncer à en pouvoir donner en quelques lignes autre chose qu'un aperçu des plus sommaires.

Les sectaires de toute espèce ont depuis longtemps accumulé mensonges sur mensonges pour tâcher d'innocenter l'Ordre du Temple que frappèrent le Pape et le Roi de France. Mais plus on va, plus apparaît la culpabilité des Templiers qui, *dans toute la Chrétienté*, subirent des condamnations infamantes après de longs et minutieux procès, après des aveux circonstanciés — *les mêmes aveux* dans les pays les plus divers.

Ce fut en réalité un service incomparable que le roi Philippe-le-Bel rendit aux nations chrétiennes quand il prit l'initiative des poursuites contre les chevaliers du Christ transmués en Manichéens, c'est-à-dire en instruments de l'Anarchie juive.

Dans une brochure (1) devenue très rare et dont l'intérêt est puissant, le regretté Claudio Jannet a écrit ces lignes suggestives :

Les procès-verbaux les instructions dirigées contre les Templiers constatent chez eux des pratiques et des doctrines dont l'identité avec les rites et les enseignements des plus hauts grades (de la F∴ - M∴) du XVIIIe siècle est frappante...
(Les Précurseurs, p. 1 et 2.)

Quels avatars le Crypto-Judaïsme des Sociétés secrètes a-t-il traversés, depuis les Templiers jusqu'aux Francs-Maçons ? C'est ce qui nous reste à examiner rapidement.

---

1. – Claudio Jannet : *Les Précurseurs de la F∴ M∴ au XVIe et au XVIIe siècle,* Paris, Palmé. 1887, in-8.

DES TEMPLIERS AUX HUGUENOTS

On conçoit qu'un Ordre aussi puissant que l'Ordre du Temple n'a pu disparaître tout d'une pièce, malgré la violence des coups qu'il a reçus.

Suivant une tradition dont il serait intéressant de faire la critique, un certain nombre de Templiers échappés aux condamnations auraient continué à propager *en secret* leurs doctrines manichéennes dans les compagnonnages des ouvriers maçons d'Écosse. Il est un fait certain, c'est que les compagnonnages ouvriers — originairement catholiques — furent pénétrés par l'antichristianisme tant en France qu'en Ecosse, Angleterre et Allemagne, Les débris des Albigeois et des Templiers eurent forcément leur part dans cette pénétration, en même temps que partout en Europe proliféraient des Sociétés secrètes uniformément hostiles à l'Église.

Au XVe siècle, un nouvel effort juif eut pour résultat d'injecter dans les veines du monde chrétien une nouvelle dose de Kabbale. Nous voulons parler de l'*Humanisme néo-platonicien* — qui n'était qu'*un masque* de la

Kabbale juive. L'Humanisme couvrit l'Italie et l'Allemagne de conventicules secrets. Les lignes suivantes, extraites de la brochure déjà citée de Claudio Jannet, suffisent à caractériser les champions de cet Humanisme judaïsant :

...A Florence..., la colonie juive, depuis 1450, non seulement acquérait par l'usure des richesses énormes, mais encore pénétrait dans la haute société et exerçait une influence intellectuelle incontestable. L'un de ses représentants les plus distingués fut Alemanno, connu aussi sous le nom de Datylus, qui fut le professeur d'hébreu de Pic de la Mirandole. Quelques-uns de ses écrits, récemment publiés, montrent ses relations étroites avec les principaux nobles florentins.

Marsile Ficin, le fondateur de l'Académie platonicienne..., avait des relations très fréquentes et très intimes avec les rabbins juifs. Lui-même, quoique chanoine, écrit dans une de ses lettres : « Je me suis imposé pour règle de conduite de réciter trois fois par jour, le matin, le midi et le soir, le psaume 145, ce qui m'assurera, d'après les docteurs juifs, la béatitude éternelle. »

Savonarole avait de trop justes raisons de tonner contre les Juifs et contre les chrétiens judaïsants.

(Cl. Jannet, *Les Précurseurs*, p. 44, 45.)

Ces « chrétiens judaïsants », ces Humanistes doublés de leurs inspirateurs juifs et groupés en Sociétés secrètes furent les vrais *moteurs* de la Réforme qui coupa en deux la Chrétienté au XVIᵉ siècle, connue au VIIᵉ siècle l'hérésie kabbalistique du Juif Alsauda Sabaï avait partagé l'Islam en Deux camps ennemis. *Divide ut imperes*, dit le proverbe.

LA CONFRÉRIE DES ROSE–CROIX

S'il est vrai que la Réforme eut sa source première dans les Sociétés secrètes judaïsantes des Humanistes néo-platoniciens, il est non moins vrai que *les Rose-Croix* — dont la Confrérie apparut en Allemagne dans les premières années du XVIIe siècle — «*dérivent directement de la Kabbale juive*» (1).

En 1622 (écrit Cl. Jannet, les adeptes (*de la Rose-Croix*) couvrirent les murs de Paris d'affiches manuscrites ainsi conçues :

«Nous, députés de notre collège principal des Frères de la Rose-Croix, faisons séjour visible et invisible en cette ville par la grâce du Très-haut vers qui se tourne le cœur des Justes. Nous enseignons sans livres ni marques et parlons les langues du pays où nous voulons être pour tirer les hommes nos semblables d'erreur et de mort.»

---

1. – Claudio Jannet, *Les Précurs.* ..., p. 47. Ajoutons que le fondateur apparent de la Rose-Croix fut le pasteur protestant Valentin Andréa, petit-fils d'un des premiers Réformateurs, Jacob Andréa.

L'impression causée par ces affiches fut considérable. Les mémoires du temps en ont conservé la trace et les feuilles volantes pour ou contre se multiplièrent de toutes parts. Leur propagande, faite avec le plus grand mystère, en fut favorisée, et c'est pour cela qu'ils avaient eu recours à cette bizarre publicité. Ils s'adressaient particulièrement aux avocats, aux gentilshommes, aux membres des Parlements…
(Cl. Jannet, *Les Précurseurs*, p. 17, 18.)

C'est ainsi que les Rose-Croix qui poursuivaient systématiquement le bouleversement de la Société(1) tout en se donnant comme les bienfaiteurs de l'humanité(2), cherchèrent à gagner en France les classes sociales que la Franc-Maçonnerie réussira, un siècle plus tard, à corrompre et à désarmer, avant de les conduire à la guillotine. Mais, écrit Claudio Jannet,

la propagande des Frères de la Rose-Croix en France ne réussit pas et les adeptes durent promptement quitter le pays, car la monarchie et l'Église étaient trop bien unies, les idées chrétiennes étaient trop profondément enracinées dans la nation pour qu'ils pussent impunément y demeurer longtemps. Quelques-uns d'entre eux furent saisis et emprisonnés à Malines. Un certain Adam Hazelmeier y fut condamné aux galères et les sectaires, préludant à la tactique des philosophes du XVIIIe siècle, le présentèrent comme une victime des jésuites.
(Cl. Jannet, *Les Précurseurs*, p. 21, 22.)

La Rose-Croix, nous l'avons dit, était née en Allemagne. Elle y prospéra. Mais il nous faut observer que l'Allemagne était alors profondément judaïsée. Nous avons d'ailleurs fait remarquer précédemment que plusieurs sectes d'origine juive, celles des Albigeois, des Carmathes, des Mandaïtes, étaient également nées et

---

1. – Claudio Jannet, *Les Précurs…*, p. 20.
2. – *Ibid.*, p. 18.

avaient également prospéré dans des pays où l'empreinte juive était profonde.

Il était logique qu'il en fût ainsi.

Il était tout aussi logique que la très kabbaliste Rose-Croix prospérât de même en Angleterre où les Juifs avaient pris pied, une fois consommé le schisme anglican.

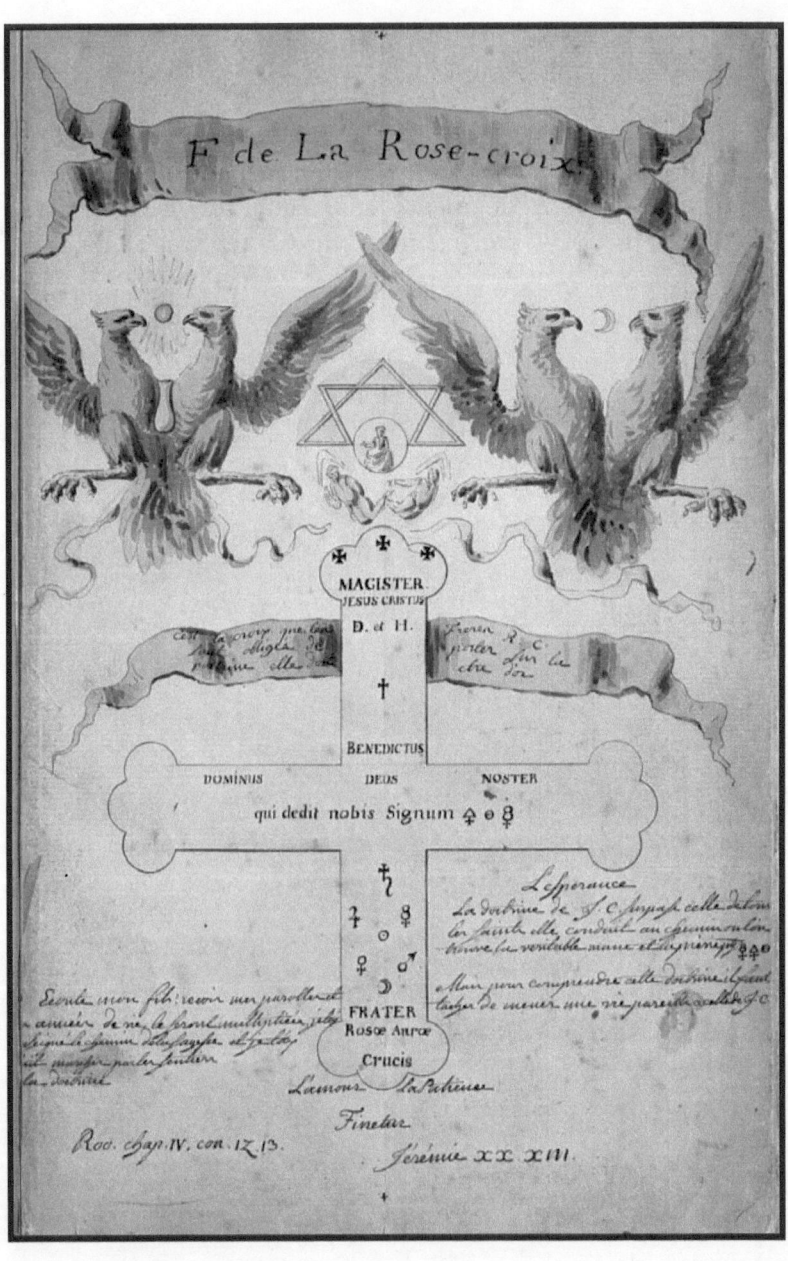

LA ROSE-CROIX, MÈRE
DE LA FRANC-MAÇONNERIE

En Angleterre (écrit Claudio Jannet dans une page capitale sur laquelle nous attirons toute l'attention du lecteur), en Angleterre où le protestantisme avait de longue date ébranlé la foi chrétienne, le terrain était mieux préparé qu'en France pour la propagande des Rose-Croix.

Le principal adepte fut le médecin et alchimiste Robert Fludd (1574-1637)... qui publia en 1616 une édition anglaise de la *Fama fraternitatis* (1). Le père de l'antiquaire Elias Ashmole fut aussi l'un des plus fervents adeptes. Celui-ci (*Elias A.*)... en même temps qu'il continuait la tradition paternelle et s'occupait des sciences occultes, se fit recevoir franc-maçon (2) en 1646 et recueillit une foule de documents sur la maçonnerie (3) qui furent uti-

---

1. – L'un des premiers livres de propagande de la Rose-Croix, (L. D.)
2. – Ici nous faisons observer que les *francs-maçons* de cette *maçonnerie-là*, n'étaient pas les FF∴ modernes, mais, bien les membres de la vielles corporations ouvrières du Moyen-âge, qui commençait à être pénétrée par des hommes « étrangers à l'art de bâtir » (L. D.)
3. – *Ibid.*

lisés pour la constitution de la grande loge d'Angleterre en 1717.

Voilà le point de jonction établi entre la nouvelle Société qui se forme alors sous le vieux nom des francs-maçons (*sous-entendu : de métier*. L. D.) et les sectaires qui depuis un siècle se perpétuaient à travers l'Europe.

Le livre si curieux du Philalèthes (1), *The long livers*, dédié en 1720 *au grand-maître, maître et gardiens et frères des Loges* (*sous-entendu : modern-style*, L. D.) de Londres, indique fort bien dans sa préface qu'il existait au-dessus des trois grades traditionnels, empruntés aux *free-masons* (2), une *illumination* et une hiérarchie dont il ne révèle pas la nature. Le langage qu'il emploie est tout à fait celui de l'alchimie et des Rose-Croix. Les historiens les plus autorisés, Mackay, Whytehead, Yarker, sont unanimes sur ce point...

(Cl. Jannet, *Les Précurs.*, p. 22, 23.)

Voilà, comme le dit fort bien Claudio Jannet, *le point de jonction établi entre la nouvelle Société qui se forme alors sous le vieux nom des francs-maçons* — de métier — *et les sectaires qui depuis un siècle se perpétuaient à travers l'Europe.*

Ces sectaires — le fait est historiquement prouvé — se sont infiltrés (pour employer le terme si expressif de M. l'abbé Barbier) (3) dans les vieux compagnonnages des maçons anglais de métier et ont transformé leurs vieilles « loges » en les premières Loges de la Franc-Maçonnerie moderne.

---

1. – *Philalèthes* est le pseudonyme de Camber, auteur du *premier* livre publié sous les auspices des *premières* loges de la Franc-Maçonnerie moderne. On y exhorte les frères à ne s'occuper ni de politique, ni de religion (déjà !) tout en accordant, pour la forme, des éloges au christianisme. Voir Claudio Jannet, *Les Précurs.*, p. 7.

2. – Voir Note 2, page précédente.

3. – Voir dans son livre : *Infiltrations Maçonniques dans l'Église...*

Mais qu'étaient ces sectaires dont la hiérarchie mystérieuse était *superposée* aux trois grades des anciens maçons de métier ? — Des Rose-Croix qui procédaient « *directement de la Kabbale juive* » et étaient par suite des agents plus ou moins inconscients du Juif kabbaliste.

Redisons-le une fois de plus : *tout cela est historiquement prouvé*. L'infiltration des Rose-Croix — c'est-à-dire de Judaïsants Kabbalistes — dans les confréries des ouvriers maçons anglais appelés *free-masons* est chose avérée, indéniable. Pour tous les historiens maçonniques sérieux d'Angleterre et d'Amérique cela n'a jamais fait l'ombre d'un doute.

Et c'est de cette infiltration qu'est née la Franc-Maçonnerie proprement dite.

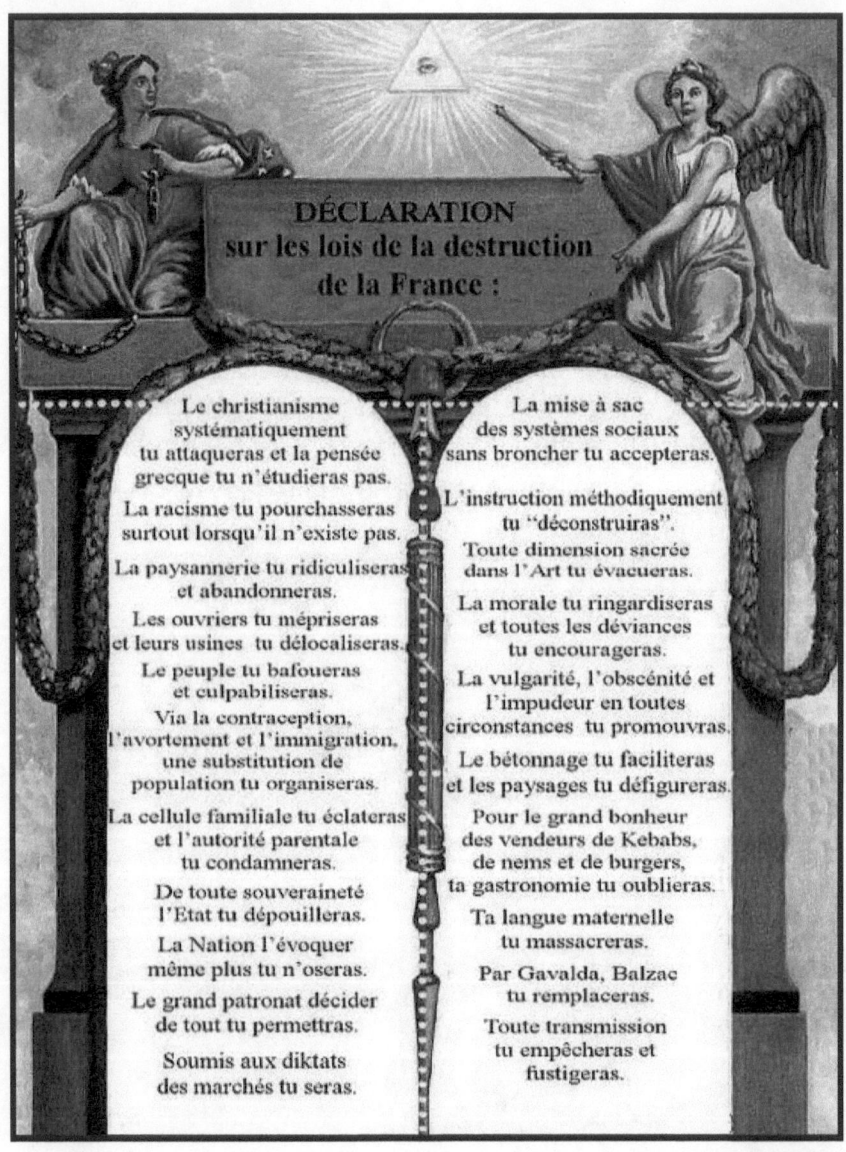

CONCLUSION

Nous retrouvons en fait, à la fin de cette étude sommaire, chez les pères et maîtres secrets de la F∴-M∴ proprement dite, les trois caractères que nous avons observés sur les antiques Sociétés secrètes des Gnostiques, des Manichéens, des Ismaïlites, etc., savoir :

1° des Juifs ou des Judaïsants sont leurs initiateurs ;
2° les doctrines qu'ils professent sont d'origine juive kabbaliste ;
3° ils sont organisés en Sociétés secrètes superposées dont les compartiments sont secrets les uns pour les autres.

Il semble ainsi vérifié que depuis le Juif Simon le Mage, le Juif Manès, le Juif Alsauda Sabaï, —sans compter les kabbalistes Abdallah, fils de Maïmoun, et Haçan fils de Sabah jusqu'au kabbaliste Ashmole et au kabbaliste Camber, tous deux ancêtres de la Fr∴-Maç∴ moderne, une permanente volonté occulte a infiltré, au sein des nations non-juives, des Sociétés secrètes de Judaïsants destinés à devenir des traîtres plus ou moins inconscients envers leurs patries respectives et leur foi originelle.

Et cela *au profit de* QUI, sinon au profit du Juif kabbaliste ambitieux de conquérir par la ruse et par la trahison la domination universelle ?

Pour pouvoir être condensées dans la présente brochure, les considérations qui précèdent — et qui embrassent dix-huit siècles — sont forcément réduites à leur plus simple expression. Mais nous les avons déjà exposées avec d'assez amples développements, en 1908, 1909 et 1910, dans un grand nombre d'articles partis dans le journal antimaçonnique *La Bastille* (1).

Les lecteurs intéressés par la question passionnante de la *Société secrète, arme favorite du Juif contre la civilisation chrétienne,* trouveront là-dessus une copieuse documentation dans un ouvrage de longue haleine que nous préparons actuellement en complétant nos recherches antérieures.

FIN

LA COLOMBE, SYMBOLE DE L'ÂME PURE ET FIDÈLE
Portant le rameau d'olivier, elle est triomphante du combat pour la foi.
Fresques des Catacombes.

---

1. – *La Bastille* ; bureau : 42, rue de Bellechasse, Paris. — Directeurs Copin-Albancelli et Louis Dasté. – Abonnement annuel : France 7 Fr. — Etranger : 9 francs.

BIBLIOGRAPHIES

Amélineau M. Émile – *Essai sur le gnosticisme égyptien.* Paris, 1887.
Artista Elias – *Fama fraternitatis.*
Babelon M. – *Les Mandaïtes.* Paris, 1881.
Barbier Emmanuel (Abbé) – *Infiltrations Maçonniques dans l'Église.* Lille, 1910.
Berger Jean – *De l'Initiation chez les Juifs, R.I.S.S. n°1.* Paris, 1912.
Doinel, Jules (Koska Jean) – *Lucifer démasqué.* Paris, 1895.
Dozy Reinhart – *Essai sur l'Histoire de l'Islam.* Paris, 1879.
Franck Adolphe – *La Kabbale ou la philosophie religieuse des Hébreux.* Paris, Hachette, 1843.
Goeje Jan Michael de – *Mémoire sur les Carmathes du Bahraïn et les Fatimides.* Leide, 1886.
Graëtz, Henrich Hirsch – *Histoire des juifs*
Hammer Joseph von – *Histoire de l'ordre des Assassins.* Paris, 1833.
Jannet Claudio – *Dans la F∴ M∴ au XIXe siècle.* Avignon, 1882.
" " – *Les Précurseurs de la F∴ M∴ au XVIe et au XVIIe siècle.* Paris, Palmé, 1887.
Lazare Bernard – *L'Antisémitisme son histoire et ses causes.* Paris, 1894.
Léon XIII – *Encyclique Humanum genus.* Rome, 1884.
Matter Jacques – *Histoire critique du gnosticisme, son influence sur les sectes religieuses et philosophiques des 6 premiers siècles de l'ère chrétienne ; 3 tomes.* Paris, 1828.
Michelet Jules – *Histoire de France.*
Rochat Ernest – *Essai sur Mâni (Manès) et sa doctrine.* Genève, 1897.
Rastoul Amand – *Les Templiers.* Paris, Bloud, 1905.
Vigouroux Fulcran (Abbé) – *Dictionnaire de la Bible ; 5 tomes.* Paris, 1912.
La Bastille – *Journal antimaçonnique*

TABLE DES MATIÈRES

	PAGES
Avant N.-S. Jésus-Christ	9
La « tradition » juive (kabbalah)	11
Après N.-S. Jésus-Christ	17
La gnose	19
Le manichéisme	23
Mahomet et les juifs	31
Le juif Alsauda Sabaï	35
Un Weishaupt au IXe siècle	39
Le juif Obaïdallah	43
Deux équipes	47
Action visible & action cachée	51
Les albigeois manichéens & les juifs	55
Les Templiers	57
Le Vieux de la montagne	61
Chute des Templiers	65
Des Templiers aux Huguenots	67
La confrérie des Rose–Croix	69
La Rose-Croix, mère de la Franc-maçonnerie	73
Conclusion	77
Bibliographies	79
Table des matières	81

L'antique et prestigieuse société secrète de *"Ceux qui tirent les ficelles".*

RETROUVER TOUTES LES PUBLICATIONS
recension d'ouvrages rares ou interdits au format numérique

The Savoisien & Lenculus
Livres et documents rares ou introuvables

- Wawa Conspi - Blog
  the-savoisien.com/blog/
- Wawa Conspi - Forum
  the-savoisien.com/wawa-conspi/
- Free pdf
  freepdf.info/
- Aldebaran Video
  aldebaranvideo.tv/

- Histoire E-Book
  histoireebook.com
- Balder Ex-Libris
  balderexlibris.com
- Aryana Libris
  aryanalibris.com
- PDF Archive
  pdfarchive.info

*Toutes les recensions où rééditions numériques
de Lenculus sont gratuites, et ne peuvent faire l'objet d'aucun profit.
On retrouvera toutes ses publications sur le site :*

http ://the-savoisien.com

St Cyprien de Carthage,
évêque et martyr († 258)

Sur la mort

Ainsi, que nous soyons épuisés par un déchirement de nos entrailles, qu'un feu très violent nous consume intérieurement jusqu'à la gorge ; que nos forces soient constamment ébranlées !

Tous ces maux sont autant d'occasions d'approfondir notre foi.

Confronter ses qualités spirituelles à la violence des ravages et de la mort, quelle élévation de l'âme ! Quelle grandeur que de rester debout au milieu des ruines de l'espèce humaine au lieu de s'incliner, abattu, avec ceux qui n'ont pas placé leur espoir en Dieu !

Mieux vaut nous féliciter de notre état et accueillir favorablement l'œuvre du temps : ainsi, tout en fortifiant notre foi et en persévérant, au prix de nombreuses peines, sur la voie étroite du Christ, nous recevrons de notre juge lui-même la récompense de notre foi et de la vie que nous aurons menée.

saint Cyprien de Carthage

www.ingramcontent.com/pod-product-compliance
Lightning Source LLC
LaVergne TN
LVHW041539060526
838200LV00037B/1050